Gatos

Julie Murray

Abdo
MASCOTAS
Kids

abdopublishing.com

Published by Abdo Kids, a division of ABDO, PO Box 398166, Minneapolis, Minnesota 55439.

Printed in the United States of America, North Mankato, Minnesota.

102015

012016

THIS BOOK CONTAINS RECYCLED MATERIALS

Spanish Translator: Maria Puchol

Photo Credits: iStock, Shutterstock

Production Contributors: Teddy Borth, Jennie Forsberg, Grace Hansen

Design Contributors: Candice Keimig, Dorothy Toth

Library of Congress Control Number: 2015954440

Cataloging-in-Publication Data

Murray, Julie.

[Cats. Spanish]

Gatos / Julie Murray.

p. cm. -- (Mascotas)

ISBN 978-1-68080-417-1

Includes index.

1. Cats--Juvenile literature. 2. Pets--Juvenile literature. 3. Spanish language materials—Juvenile literature. I. Title.

636.8--dc23

2015954440

Contenido

Gatos

Los gatos son unas excelentes mascotas.

El pelo de los gatos es suave.

Les gusta que se les acaricie.

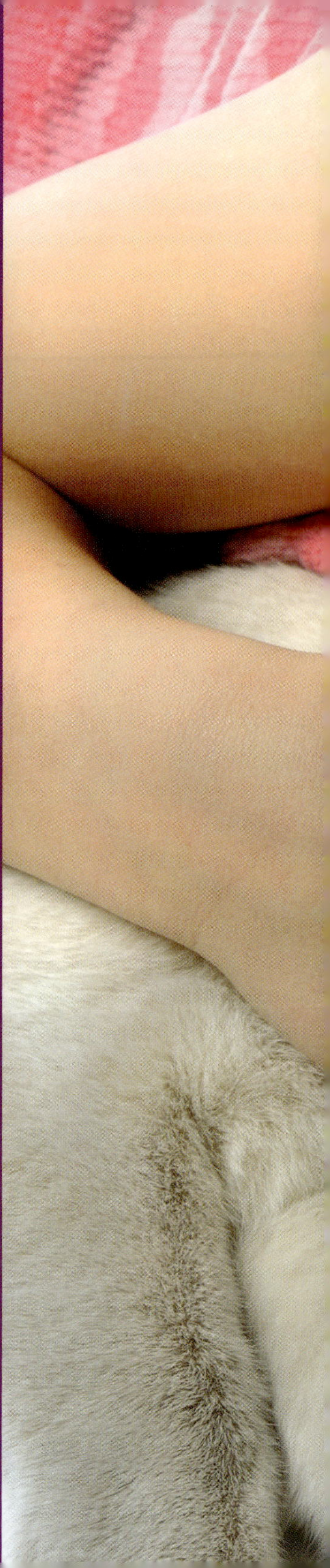

Los gatos tienen **bigotes**. Les ayudan a percibir sensaciones.

Los gatos tienen **garras**.

Les gusta arañar cosas.

Los gatos necesitan agua y comida. Noah da de comer a su gato.

Los gatos necesitan una caja de arena. Tiene que mantenerse limpia.

A los gatos hay que cepillarlos.

Lila cepilla a su gato.

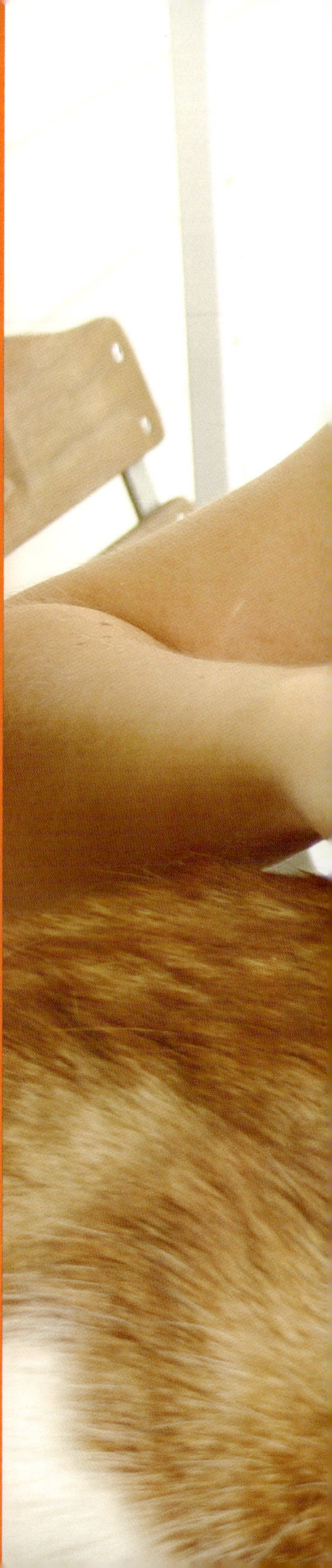

Los gatos deben ir al **veterinario**. Así se mantienen sanos.

¿Sería un gato una buena mascota para tu familia?

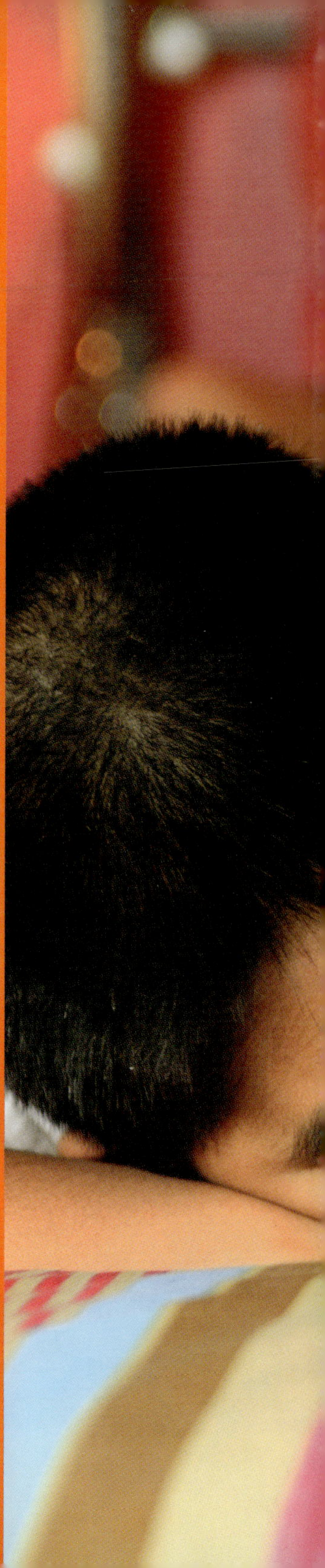

Accesorios para gatos

caja de arena

juguete para gatos

comida para gatos

rascador

Glosario

bigotes
pelos largos que crecen desde la cara de algunos animales.

garras
uñas corvas y agudas de algunos animales.

veterinario
persona que ha estudiado para curar a los animales heridos o enfermos.

Índice

abdokids.com

¡Usa este código para entrar en abdokids.com y tener acceso a juegos, arte, videos y mucho más!